AMANDO EN SUEÑOS

Poemas del corazón

Fernández Arcía, Frank
  Amando en sueños: poemas del corazón / Frank Fernández Arcía;
edición literaria a cargo de Luis Videla. - 1ª ed. - Buenos Aires:
Deauno.com, 2010.
  82 p.; 21x15 cm.

  ISBN 978-987-1581-55-9

  1. Poesía Cubana. I. Videla, Luis, ed. lit. II. Título
  CDD Cu861

contacto@elaleph.com
http://www.elaleph.com

Para comunicarse con el autor: frankfernandez_83@yahoo.com

Primera edición

ISBN 978-987-1581-55-9

Hecho el depósito que marca la Ley 11.723

Impreso en el mes de enero de 2010 en
Docuprint, S.A.
Buenos Aires, Argentina.

FRANK FERNÁNDEZ

AMANDO EN SUEÑOS

Poemas del corazón

deauno.com

*Dedicado a los románticos de corazón
Para aquellos que aunque sea una vez,
han conocido el amor*

AGRADECIMIENTOS

Quiero agradecer primero que todo a Dios, por haber hecho posible que este sueño se hiciera realidad, por saber guiarme siempre. A mi mamá y a mi hermana por su apoyo constante.

A mi esposa Giselle, por su apoyo y por su importante ayuda en la realización de este proyecto.

A mi prima Dunia, por su apoyo, y por poner también su grano de arena en esta obra realizada, y por ser siempre mi admiradora.

A Aliett Bárcenas, por su desinteresada ayuda y por su cuidadoso detalle en la escritura de este libro.

A Gema Villamil por haber creído en mí, por haber sido un baluarte importante en esta realización.

A todos los que siempre me impulsaron a hacer esto, a mi adorada e incondicional familia y, por supuesto, a mis admirables amigos que siempre confiaron en mi talento. Los quiero mucho a todos. A todos y a cada uno de ellos les doy mil gracias a los que no mencioné pero que fueron piezas fundamentales en esta obra y agradezco también a las personas que me sirvieron de inspiración..

Gracias por confiar en mí.

Les agradezco de todo corazón sus consejos, sus críticas y su ayuda. Gracias por su paciencia, y por su espera.

Aquí está la recompensa.

FRANK FERNÁNDEZ, ENERO 2010

PRÓLOGO

Poemas para enamorar, para sentir otra vez algo que se haya ido, para recordar los momentos perdidos, para revivir los sentimientos escondidos, para soñar como una vez logramos hacerlo, para amar aunque sea en sueños, para soñar que estamos amando.

AL MIRARTE

Al mirarte a los ojos siento como calambres
que caminan por mi cuerpo sin obstáculos.

Al mirarte deseo verte día a día y dejar
que tu presencia inunde por siempre mi ser.

Al mirarte me doy cuenta que pasas cada instante
por mi mente y no dejas de estar
ni siquiera en mi corazón.

Al contemplarte vivo más intensamente.

Al observarte quisiera abrazarte, besarte,
acariciarte sin temor a morir junto a ti.

Al mirarte siento como me saltan los ojos,
que desesperados quisieran ver tu corazón.

Al mirarte olvido quién soy,
de donde vengo o hacia donde voy.

Al mirarte estoy consciente de que vivo sólo para ti.

Al contemplarte por última vez,
vivo y recuerdo cada vez que te miré
y mi corazón me dice que siempre te amaré.

ETERNAMENTE MADRE

Si supieras que siempre estoy pensando en ti: algo tan sencillo y tan valioso a la vez..

Cada vez que recuerdo cuando sufrías calladamente bajo la luz de la luna.

Cuando trabajabas hasta tarde para darme de comer; cuando tus manos cansadas pedían piedad.

Cuando sabiendo que yo gustaba de algo, no sabías cómo dármelo.

Cuando sin tener nada absolutamente que vestir, vivías por mis cosas.

Cuando ibas secretamente a buscar mis regalos de Navidad en el tiempo que yo, como todo niño, creía en los Reyes Magos sin sospechar que tú eras mi Rey Mago, tú eras esa persona que, bajo mi almohada, dejaba un poco de esperanza cuando perdía la poca que tenía.

Eras tú, mi madre querida, el ángel de la guarda que me protegía y me amaba aunque no lo supiera y, ahora al término de tu vida, sigues buscando la forma de ser mi complaciente y sé que si algún día no estarás a mi lado, me guiarás y protegerás desde el cielo, que será tu morada eterna, por ser Eternamente Madre Mía.

SIN MI NADA SERÁS

Belleza que turbas mi corazón,
en qué sitio habré de encontrarte.
Sólo existes en mi razón
donde lo único que puedo hacer, es hablarte.

Puedo aprender a volar,
en mi imaginación a tu lado.
Quiero junto a ti caminar.
Quiero llenarte de halagos.

Pero sé que llegaré algún día
a realizar mi sueño de amor,
porque de ti dependo, mi vida.
Porque ti, depende mi amor.

Tú existes sólo en mi mente
y en mi corazón vivirás.
Belleza que turbas mi frente,
sin mí nada serás.

PENSAR EN TI

Acaso piensas que amo
sólo un momento contigo,
no sabes que piensas en vano,
te quiero por siempre conmigo.

Si supieras lo que hago,
cuando no te puedo ver
en mi pensamiento yo vago,
no lo puedes entender.

La vida pasa y no espera
nunca por mí se detendría.
Te digo que te amo de veras,
yo hasta tu sueño velaría.

Si algún día me vieras aquí,
y me vieras tú deshecho,
te diré que pensar en ti
es lo que mi corazón ha hecho.

ERES TÚ

Eres tú quien me atormenta
cuando me acuesto a dormir.
Siento en mí una gran tormenta
que ya no me deja vivir.

Eres tú la que no deja
a mi corazón palpitar,
preso detrás de una reja,
cansado está de llorar.

Eres tú quien podría calmar
esa incansable lucha interna.
Quiero dejar de llorar,
aún mi esperanza es eterna.

Eres tú mi eterno amor,
la que yo amo y adoro,
alíviame tú el dolor,
porque a tu lado estar añoro.

MI GRAN AMIGA

Pensé que tenía yo amigos,
que a mi lado siempre estaban,
y un día por otros caminos,
se iban y me abandonaban.

Un día te encontré a ti,
te escribí sin esperar.
La alegría me devolviste a mí,
¿no lo puedes aún notar?

No digo lo que deba sentir,
sólo digo lo que siento.
Por ti soy capaz de ir,
mi amiga, montado en el viento.

Yo confío sólo en ti;
como el arroz en su espiga.
Hoy puedo decir así,
eres tú, mi gran amiga.

ENAMORADO DE TI

Saltaron mis ojos un día
cuando te vieron venir.
Mis manos quedaron vacías
cuando me tuve que ir.

Pasó el tiempo y no vi
ni tú cabello siquiera.
Sólo si estás junto a mí,
puedo ver la primavera.

Al verte otro día sentí
lo que yo tanto anhelaba;
de nuevo aquel día viví
lo que en ti tanto buscaba.

Ahora me doy cuenta por qué
brotaba algo extraño de mí.
Lo que era ya lo sé.
Estoy enamorado de ti.

A TU ESPEJO

Quiero a tu espejo algún día
preguntar sinceramente,
si puede que seas tú mía,
si me amas o me mientes.

Dímelo ahora, no esperes.
El mañana está muy lejos.
Para evitar que te enteres
que he muerto frente a tu espejo.

Ayer entré en tu casa,
y tu espejo estaba llorando.
Le pregunté ¿qué es lo que pasa?
Ya iba en pedazos saltando.

Entonces me arrodillé en el suelo,
casi perdí la razón.
Me dijo en gran desconsuelo:
ella te ama de corazón.

CONSEGUIRÉ OLVIDARTE

Muy tarde yo me di cuenta
que tú no eras para mí.
Deseo que algún día sientas
lo que yo siento por ti.

Te amo, te quiero, te extraño.
No te lo puedo negar,
pero conseguiré olvidarte en un año,
como suele un anciano olvidar.

Más difícil es cada día
hacer lo que me he propuesto,
porque antes yo no sentía
lo que siento y no sé que es esto

Aunque nunca has sido tú mía,
llegué yo un día a amarte.
Como fue, no lo sabría,
pero conseguiré olvidarte.

SIMPLEMENTE ROSAS

Nunca pensé sentir
lo que hoy siento por ti.
Incluso podría morir
si tú no estás junto a mí.

Ahora que no estás a mi lado
siento un infierno en mi pecho.
Quisiera ser de tu agrado
y sepas que de amor estoy hecho.

Mi corazón sabe que soy
algo inservible sin ti.
Donde estés a ti yo voy.
¿También vendrías tú a mí?

Muchos dicen estas cosas,
unos mienten para conquistar,
otros regalan simplemente rosas,
como yo, para en tu corazón estar.

SIEMPRE TENERTE

Un día me hablaron de ti.
Quise entonces conocerte,
ya nunca más existí
hasta que pude yo verte.

Cuando te vi algo sentí
que aún no puedo explicar.
Es como morir y vivir.
Es como reír y llorar.

Nunca me había ocurrido
lo que me ocurre a tu lado,
puede que sea Cupido
tocando mi corazón dorado.

Ahora que sé cómo eres,
quisiera siempre yo verte.
No sé qué es lo que quieres,
más quiero siempre tenerte.

Nada pasará

No sé qué es lo que siento
cuando tus ojos me miran.
Parezco hablar con el viento,
que mis ojos por ti deliran.

Cuando te veo pasar
y te observo nuevamente,
quisiera siempre mirar
tu cuerpo, aunque sea en mi mente.

Ahora no sé respirar
sin saber si tú me amas,
ni siquiera puedo llorar
con mi corazón en llamas.

Dime si tú no me quieres,
bien sabré encontrar la salida,
no temas, que si me hieres
nada pasará, pues no tengo vida.

LOCO ENAMORADO

¿Te has puesto a pensar algún día
qué es lo que siento por ti?
Quisiera que fueras tú mía
y que sepas corresponderme así.

Se ha vuelto imposible tu amor
y por eso debo tratar
de eliminar mi dolor
viéndote junto a él caminar.

Más si me pides un día
que ponga mi vida en tus manos,
se llenarían tus manos vacías,
pues mi amor no ha sido en vano.

Amor, lo que por ti siento
cualquiera lo siente aquí;
pero algún día te dirá el viento
que hubo un loco enamorado de ti.

SI ME VES LLORAR

Si me ves llorar algún día
por tu amor inaccesible,
ayúdame a encontrar la vía
a tu corazón imposible.

Si me ves llorar por tu amor,
aún no sabrás por qué lloro.
He aprendido a tener el valor
de llorar por lo que más añoro.

Si me ves llorar por tenerte
en mis brazos siempre conmigo,
es porque temo perderte,
pues mi corazón va contigo.

Sin embargo, si un día me vieras
llorando solo, mirando hacia el mar,
no sabrás entonces siquiera
por qué lloro, si me ves llorar.

HE APRENDIDO

He aprendido a vivir sin ti,
como aprende un pájaro a cantar.
Me enseñaste a vivir así,
con las cosas que me hicieron llorar.

He aprendido que además de ti
puedo encontrar a la mujer anhelada.
Que sepa amarme y quererme a mí
y se gane, con derecho, tu lugar de amada.

He aprendido también a encontrar
un pedazo de ti en cada mujer,
pues si no, tendría que aprender a amar
de la forma más sencilla que tu puedes ver.

También he aprendido, que nunca podría
a ninguna mujer amar, como a ti te amé.
Pues haga lo que haga, en el mundo no habría
ninguna como tú... eso lo sé.

QUISIERA PODER OLVIDARTE

Quisiera poder olvidarte...
sólo el tiempo lo dirá,
para así poder sacarte
de mi vida, Dios sabrá.

Tantas noches he soñado
lo imposible para mí;
cuando despierto he llorado
por tenerte siempre a ti.

Para ti muy difícil es
pensar un momento en mi amor,
te pido por última vez
que me quites el dolor.

No puedo olvidarte aunque quiera,
yo siempre quisiera mirarte
aunque mi amor yo te diera,
quisiera poder olvidarte.

SI ALGÚN DÍA

Si algún día comparar pudiera
la luz de la luna contigo,
orgulloso de ti yo viviera,
más aún si estuvieras conmigo.

Eres tan bella princesa
de mi corazón encantado,
que me cegaría tu belleza
de tan sólo mirarla de lado.

Si algún día arranco una rosa
y te la ofrezco con todo mi amor,
corriendo vendrías deseosa
para ver de dónde es la flor.

Y te diré, amor de mi vida,
no importa el color de esta rosa.
Te diré, es una rosa sufrida
más que ella, tú eres hermosa.

CUANDO DESPIERTES

Cuando despiertes una mañana
y veas que el sol despertó junto a ti,
levántate y ve hacia la ventana,
puede que un rayo te cuente de mí.

Cuando despiertes en una tarde lluviosa
y tras tu ventana veas las gotas caer,
acércate a ellas, mi niña preciosa;
te contarán que sufro si no te puedo ver.

Cuando despiertes y las flores tú veas
mecerse y moverse al ritmo del viento,
si miras al cielo puede que leas,
grabado en las nubes, lo que por ti yo siento.

Más, si un día despiertas y el sol no ha salido
a alumbrar tus días, que carezcan de amor,
es la señal que quien por ti ha vivido
ha muerto por ti, pero de dolor.

No he podido olvidarte

No permitas amor de mi vida,
que deje mi corazón de latir,
pues día a día tu ausencia atosiga
a un hombre que sin ti no sabe vivir.

Vivo consciente que tú no podrías
olvidarme y dejarme morir sin tu amor,
porque entonces en paz tú no vivirías,
sabiendo que por ti he muerto de dolor.

Sabes amor que el tiempo no espera.
Ven pronto a mi lado y no te detengas.
No he podido olvidarte y todo lo diera
porque abandones todo y a mi lado tú vengas.

Te amo más que ayer ¿qué fue lo que hiciste?
¿Qué has hecho que yo no he dejado de amarte?
Lo que has hecho no sé, pero conseguiste
que te diga, mi amor, no he podido olvidarte.

ESTA NOCHE

Esta noche, amor de mi alma,
tantas cosas pude compartir contigo;
eres tan bella que me traes la calma,
de tanto que anhelo tenerte conmigo.

Cuando miramos juntos las olas chocar
contra las negras rocas que estaban allí,
nos miramos los dos con deseos de amar.
Quise entonces besarte, pero no me atreví.

Después de esta noche quedé convencido
que para vivir eres tú mi razón.
Qué hermosa y gran noche feliz yo he vivido
junto a ti, la dueña de mi corazón.

Anhelo tus besos desesperadamente
y descifrar en ellos qué sientes por mí.
Te garantizo amor, que estarás en mi mente
y toda la vida viviré por ti.

TUS BESOS

Si te digo algo mi amor,
te diré que tus besos anhelo.
Tus besos me dan el valor
de dejar que me lleves al cielo.

Después que probé de tus besos,
no quiero saber de dulzor,
sólo quiero saborear a esos,
sólo a esos, que me saben a amor.

Tus besos me llevan volando
a un paraíso no visto.
Siempre me quedo pensando
que yo, sin tus besos, no existo.

Ahora te diré una cosa
que hace tiempo vengo sintiendo:
eres tú una bella rosa.
Rosa, por la que estoy viviendo.

No te alejes de mí

No te alejes de mí ni un instante
que puede que muera sin ti.
Es mi amor por ti constante
que no puedo vivir así.

No te alejes de mí, ni un momento
porque mi vida te llevas contigo.
Es tan grande lo que por ti siento
que no verte, es mi castigo.

No te alejes de mí, mi tesoro,
no pienses que un momento es pequeño.
No te alejes porque te añoro
y quiero de tu presencia ser dueño.

Si te alejas un día, no tardes,
porque a tu lado siempre estar quiero.
No permitas que el tiempo alargue
las horas, porque sin ti yo muero.

SI ME CREYERAS

Si me creyeras feliz vivirías
y soñarías de noche, sueños de amor.
Más si no me crees, entonces no sabría
qué hacer para demostrarte mi valor.

Si me creyeras una vez solamente
cuando te digo que me enamoré de ti,
si supieras que mi corazón no miente,
te entregarías completamente a mí.

Si me creyeras cuando te digo te amo,
si vivieras sólo un día la fantasía de amar,
si confiaras en todo lo que por ti yo hago,
sabrás que en mí debiste siempre confiar.

Pero si aún así no me crees todavía,
y que imposible confiar en mí te sea,
de mi pecho dolido mi corazón sacaría
y lo pondría en tus manos, para que al fin me creas.

LO ÚLTIMO QUE PUEDO SENTIR

Un día empecé a sentir
amor por una chica bella,
pero así logré vivir
y en poco me olvidé de ella.

Después de mucho tiempo te vi
y sentí algo diferente.
Tú piensas que no es así,
pero estás siempre en mi mente.

Estoy seguro que eres
lo mejor que he conocido.
Puedo ser, sólo si quieres,
el que más te ha querido.

Te amo más que aquel día,
nada más puedo decir.
Te amo y eso sería
lo último que puedo sentir.

ME VAS A EXTRAÑAR

No puedo vivir sin ti,
como no puede el tiempo detenerse;
sé que viviré siempre así,
soñando con volver a tenerte.

Me extrañarás cuando mires al mar,
como te extraño cuando no estás conmigo.
Recordarás mi forma de amar,
extrañarás al que añora estar siempre contigo.

Te extraño más cada día,
cada vez que no estás a mi lado.
Gracias a Dios que eres mía,
bien vale lo que por ti he llorado.

Puede que yo no sea el mejor
pero el que más te ha podido amar,
más cuando te falte mi amor,
seguro estoy, me vas a extrañar.

SI ME VOY ANTES QUE TÚ

Si Dios decide algún día
llevarme antes que a ti,
no temas, Él bien sabría,
porqué hacer las cosas así.

Si me voy antes que tú, no llores,
alégrate siempre por mí.
Dibujaré en el cielo colores
del amor que siento por ti.

Te voy a esperar, amor mío,
el tiempo que deba esperar;
como espera la corriente del río,
con ansias llegar al mar.

Si me voy antes que tú espera
llegar a este bello lugar,
pues traerte ahora mismo quisiera
hasta aquí, para volverte a amar.

Pasan esas cosas

Un arco iris pude yo ver,
aún cuando en la noche llovía.
Hay cosas que no pueden ser
pero contigo siempre serían.

Feliz yo me siento a tu lado,
lo mismo de noche o de día;
logro lo nunca logrado,
puedo lo que nunca podría.

Vivo con miedo a perderte
y sin ti la vida tener que vivir.
Amor quisiera siempre tenerte
y morir en tus brazos, si hay que morir.

Cuando salgas un día a regar las rosas
y veas que no existe ni siquiera el huerto,
no te sorprendas, pasan estas cosas
cuando alguien de amor, por ti ha muerto.

EL BRILLO DE ESTA LÁGRIMA

Hay una lágrima entre las que he derramado
que se puede, muy fácil, de las demás distinguir.
Una lágrima que por ti tanto he llorado
que muy feliz sería, para ella morir.

El brillo de esta lágrima es tan fuerte amor mío,
que ilumina tu rostro cuando lloro ante ti;
sólo basta con ella para hacer un gran río
que nazca en mis ojos y que muera en ti.

Esta lágrima hermosa es como un diamante
que alumbra mi rostro de ti enamorado.
Pero si no me amas, sería como antes:
se ocultaría entre tantas que por ti he llorado.

Pero sin embargo, si lloro por ti
y saliera ella de mis ojos sufridos,
brillará como el sol, para después irse así
y morir en los labios que por ti han vivido.

TE AMARÉ SIN CONDICIÓN

El día que yo estoy sin ti,
anhelo estar siempre contigo.
Sueño con que estés tú aquí.
¿Sueñas también tú conmigo?

Con mi almohada hablo de cosas
que no podrías creer;
te amo como aman las rosas
la tierra que las ve crecer.

Te amo y nada te pido,
sólo quiero a tu lado estar
pues mi amor, yo siempre he sido
quien más te ha podido amar.

Y si un día ya no me quieres,
te cantaré una bella canción;
que la mujer más bella eres
y te amaré sin condición.

NO SÉ SI VIVIRÉ MAÑANA

No sé si viviré mañana;
aprovecha el tiempo conmigo;
no temas, me sobran las ganas
de querer estar siempre contigo.

No sé si viviré mañana;
hoy estoy dispuesto a quererte;
más fuerte que una campana
mi corazón sonaría al tenerte.

No sé si viviré mañana;
pero sé que estarás en mi mente;
no podrá la muerte lozana
borrar lo que mi corazón siente.

No sé si viviré mañana;
a tu lado bien cerca de ti;
pero sé que mi vida es bien vana
si no te puedo tener junto a mí.

AMANDO EN SUEÑOS

Una tarde solitaria marchaste sin despedida;
una tarde de tristeza que no volveré a recordar;
me duermo en aquella hamaca repasando tu partida,
pensando si quizás un día puedas tú regresar.

Recuerdo esa tarde muy bien, esa mirada perdida;
ya todo quedó en el pasado y aún tu imagen recuerdo;
te sigo necesitando a cada hora de mi vida,
aunque digan que estoy loco,
aunque digan que estoy cuerdo.

Esta noche están calladas las estrellas y el cuclillo.
De pronto, oigo unos pasos en la negra oscuridad,
y siento que un beso tuyo deja a la luna sin brillo
y despierto bajo un árbol, rodeado de soledad.

Estoy ahora despierto y siento el sonido del viento.
Quiero aunque sea en sueños amarte toda la vida
y no despertar nunca más, no despertar porque siento
que nunca más te veré, después de aquella partida.

PORQUE ERES

Porque eres bella te vi
entre rosas marchitadas.
Te vi así y te recogí
y te amé como si nada.

Porque eres tú una estrella
deseo bajo tu luz vivir.
Porque en verdad eres bella
y sin ti podría morir.

Porque eres como eres
te amo amor, sin cesar,
como se amarían dos seres
que nunca se dejan de amar.

Porque eres un sueño quisiera
soñarte de noche y de día
y no despertar si pudiera
y nuevamente hacerte mía.

MORIRÉ AMOR, MORIRÉ

Moriré amor, moriré
si no vuelves pronto conmigo.
En lenguaje sencillo diré
que te llevas mi vida contigo.

Moriré amor, moriré
siempre y cuando no vuelvas al nido.
En el mismo lugar estaré
esperando por ti en el olvido.

Moriré amor, moriré;
hoy sí quiero estar a tu lado.
Angustiado yo buscaré
en el cielo hasta haberte encontrado.

Vuelve a mí paloma perdida
o si no yo también volaré;
devuélveme pronto mi vida
porque moriré amor, moriré.

UN DIA LLORARAS POR MÍ

No te cansas de decir
que yo muero si tú no estás,
que yo dejo de existir,
si de mi lado te vas.

Puede ser que sea cierto,
que mi corazón a tus pies esté,
que mi sangre en tus manos vierto
y que siempre por ti lloraré.

Pero llegará un fatídico día,
que recordarás lo que hice por ti;
te sentirás el alma vacía
y sin rencor te acordarás de mí.

Llevo tiempo en ti pensando,
porque mi vida te pertenece a ti.
Aunque los años sigan pasando,
tú un día, llorarás por mí.

SI NO VUELVO

Si me esperas sin paciencia
allí en el mismo lugar,
si ves que no tomo conciencia
y no me ves regresar.

No pienses que ya te olvidé;
no podría aunque quisiera.
De lejos tu llanto oiré
y hasta ti pronto viniera.

Y si aún no ves que vuelvo
y el tiempo sigue pasando,
no temas, yo te reservo
la felicidad que estás esperando.

Aunque ya no esté contigo,
te recuerdo yo sin cesar.
Si no vuelvo, junto a ti vivo
aunque no pueda a tu lado estar.

MI LLANTO ESCONDIDO

Lágrimas que matan acompañan mi llanto
que escondido en la tierra sale a relucir;
sólo cuando al fin, entono mi canto
cuando sin ti, no puedo seguir.

Mi llanto secreto no lo conoces,
porque no conoce tu mente el valor de mi amor;
amor verdadero del que sólo un roce
haría milagros, como hace una flor.

Lágrimas que lloro en la soledad de la noche,
mi llanto es eterno como eterno el dolor,
que siento al mirarte y sentir el derroche
de sentimientos ajenos, y ajeno tu amor.

Pero lloro esta noche como lloran las cosas,
las cosas más bellas que tu amor marchitó.
Hoy tu corazón oirá morir la rosa
que vivía en mi vida y tu amor se llevó.

LA PALOMA

Una blanca paloma nació,
un día de verano muy bello
y orgullosa en su nido vivió,
mirando del sol sus destellos.

Ansiosa está porque llegue
el día que pueda partir,
y sólo después que despegue
podrá al fin sonreír.

Hoy es un día esperado:
la paloma al fin volará.
Lo hará como si hubiese volado
y el mismo viento la sustentará.

Quince rosas desde el suelo
contentas la saludarán;
quince estrellas desde el cielo
su luz le regalarán.

Qué feliz está la paloma,
quince primaveras ha visto pasar;
dulcemente desprende su aroma
y comienza por fin a volar.

JUEGO DE AMOR

Jugaste conmigo y no sabes
que puedes también tropezar,
como lo hacen las aves
cuando no pueden volar.

Por esta vez destruiste
mis mejores ilusiones;
aún no sabes que hiciste;
lo sabrás en mis canciones.

Deseo que Dios te bendiga
y que nunca castigue tu error.
Puede que un día le digas:
¿Adónde está aquel amor?

Aquel amor se ha marchado
en busca, de un mundo mejor;
aunque haya al fin regresado,
no caerá en tu juego de amor.

MI GRAN ERROR

Me despedí una noche, de tu rostro perdido.
Me fui de tu lado sin siquiera mirarte
y hoy arrepentido, a tu lado he venido,
y ser ahora yo, el que debe esperarte.

Ahora pagaré eternamente sin verte.
Pagaré eternamente, pues ya te marchaste.
Y no volveré yo jamás a tenerte
pues ya otro amor, al fin encontraste.

La senda del éxito asoma a tu vida,
un camino sendo te guía al vivir;
hacia un paraíso donde eres querida
a ese lugar divino, yo quiero partir.

Mi vida sin ti, tendré que vivir,
como mismo se vive, en un lugar de terror.
Mi miedo será que tendré que seguir,
sin ti por la vida, por mi gran error.

QUIERO APRENDER

Quiero aprender a amarte en la vida
y amar las cosas bellas, que en ti he encontrado.
Para el día de mañana, si te veo perdida,
con pura sencillez, traerte a mi lado.

Quiero aprender de ti tantas cosas
como acariciar la luna y tocar las estrellas,
para que así se sientan dichosas
de saber que un gran beso, te envío por ellas.

Quiero aprender a morir en tus labios
y sentir en tus besos el amanecer.
Aprender del amor, han dicho los sabios,
es como perderte y llegarte a tener.

Así lograré amarte en la muerte,
con la esperanza eterna de volverte a tener,
con la dicha infinita de un hombre de suerte,
pues de ti más aún, quisiera aprender.

POR UN BESO

No quiero de ti nada, que no sea un beso.
No quiero de ti nada, porque tengo tu amor
como anhela un ratón, un pedazo de queso.
Anhelo que me beses, como besa una flor.

A veces necesito una cosa pequeña,
como un beso tuyo para volver a nacer.
Al sentir tus labios, tu boca me enseña
que yo sin tus besos, nada puedo tener.

Un beso de tu boca me lleva volando,
a un bello lugar del que no quiero volver.
Aún cuando me besas, me quedo pensando,
cuándo volveré un nuevo beso tener.

Por un beso tuyo el sol pararía;
se detendría hasta el mundo, si fuera poco eso.
Mi corazón sediento, también se detendría;
se detendría mi vida, si no me das un beso.

LLÁMAME AMIGA

Si te encuentras sola, en una noche oscura
y tuvieras miedo de seguir al destino;
si quieres y deseas y te da la locura,
llámame sin falta y te buscaré en el camino.

Amiga, si navegas en el mar encrespado,
mi pensamiento es contigo, donde quiera que estés.
Si piensas que yo te he abandonado,
llámame entonces y a ti pronto vendré.

Cuenta conmigo en la soledad de la vida,
y en la traición de este mundo, si se puede decir.
Deja que tu corazón siempre decida
qué hacer con tu vida y adónde seguir.

Llámame amiga, que el mundo es muy hondo,
y más fácil lo pasas si estás junto a mí.
No temas si llamas y no te respondo,
porque en ese momento estaré junto a ti.

PREFIERO QUE TE VAYAS

Ahora te quiero y no sé si deba;
Ahora te espero, como al amanecer.
Tu fragante aroma, en mi mente se queda,
pero es un aroma que no debo tener.

No debo tenerte, porque eres ajena;
ajena a mi vida y a mi bello sentir,
pero no dejas por eso de ser azucena;
azucena que vuela, que no quiere partir.

Algo te impulsa hacia el cielo perdido,
y me miras y ríes sin dejar de llorar,
pues sabes que dejas algo querido
por algo que aún; no has podido alcanzar.

No te culpo a ti, porque eres inocente;
sólo a mí me culpo; por quererte atrapar.
Prefiero que te vayas y andes consciente
y vuelvas a mí, cuando no puedas volar.

TE QUIERO

Cada vez que te veo, mi mundo empieza
a relucir nuevamente como aquel bello día,
cuando tuve la suerte de conocer tu belleza;
belleza que yo, quería hacer mía.

Te quiero hoy más, princesa perdida;
qué es lo que has hecho, en mi corazón,
ya que en tus manos tienes mi vida,
dime si es o no, mi amor con razón.

Te quiero y lo sabes, no es esto un secreto,
y aún no correspondes mi sencillo amor.
Sabiendo cómo eres, es que concreto
que nunca me amarás y viviré con dolor.

No tengo la culpa de tanto quererte,
de tanto soñar en las noches contigo;
no obstante me siento un hombre con suerte,
de quererte aunque nunca estés tú conmigo.

QUÉDATE CONMIGO

No te vayas por favor de mi lado,
quédate, amor mío conmigo.
Las frías noches que sin ti he pasado
es por el hecho de no estar contigo.

Pero no por mi culpa sufro en las noches;
yo te espero siempre en el mismo lugar.
Después no te arrepientas, si de sabios reproches
tu mente algún día, se llegara a llenar.

Quédate conmigo, estrella viajera,
no vengas y te marches como haces cada día.
Quisiera que Dios, en el cielo tejiera
las lágrimas que alguien por ti lloraría.

Sólo por hoy, compláceme paloma;
un deseo te pido y muy bien pedido:
deja que esta noche pueda oler tu aroma
y aunque sea contemplarte, pero quédate conmigo.

ERES DIFERENTE

Quisiera tenerte a mi alcance
como tengo al sol del día.
Espero yo, siempre el chance,
de besarte y hacerte mía.

Y es que eres diferente
porque tienes tus encantos;
no eres tú simple y corriente,
eres tú como los santos.

Eres diferente preciosa
a todo lo bello que he visto;
aún si te veo llorosa,
aún así, es que yo existo.

Y no es nada tan extraño
lo que siento yo en mi mente.
Te amaría más que un año,
porque eres diferente.

QUISIERA DETENER EL TIEMPO

Quisiera detener el tiempo
y olvidar ya lo pasado
y así demostrar lo que siento;
lo que siento yo a tu lado.

Quisiera detener mi vida
y estar para siempre a tu lado,
para que así seas querida,
y sepas que más yo te he amado.

Quisiera detener las nubes
y flores coger de un pantano,
y dejarte, amor, que robes
estrellas que hay en mis manos.

Quisiera detenerlo todo
con delirante frenesí.
Y aunque estés cubierta de lodo,
seguiré amándote así.

CULPABLE

Es el viento culpable que se formen las brisas.
Es culpable la tierra de que nazca la flor.
Es culpable la boca de emitir la sonrisa.
Pero si ahora te extraño, es culpable tu amor.

No te culpo que seas tan especial ni tan bella.
No te culpo que seas un bello cofre de olor.
Pero sí te culpo ahora, que me atrapes como aquella;
aquella estrella que brilla, atrapada en la flor.

Quiero ser culpable, si ahora me permites;
culpable de quererte, nomás yo quiero ser.
Quiero tener la culpa, aunque así el sol me imite,
pues él es el culpable de poderte siempre ver.

Quiero ser culpable mientras seas tú mi culpa
y evitar ser inocente de tu amor y tu razón.
Ahora soy culpable, porque eres tú mi culpa,
ahora soy culpable, de tener tu corazón.

SI ME PIDES

Si me pides un día dejarte
y olvidaras lo que juntos pasamos,
no podría, aunque quisiera odiarte,
ni desechar por lo que tanto luchamos.

Si me pides dejar de mirarte
y privar a mis ojos de ti,
entonces tendré que velarte
cuando duermas, aunque no pienses en mí.

Si me pides que ya no te quiera,
aún sabiendo que tú no lo harías;
de tus manos finas bebiera
tu alma y por ti lloraría.

Si me pidieras amor que me fuera
y me quedara contigo un segundo,
desearía que nunca sufrieras,
así sufra yo, las penas del mundo.

TE ECHO DE MENOS

Te extraño cuando el ruiseñor canta a mi lado;
comparándolo con tu voz dulce y melodiosa,
recordando tantas veces que en ti he pensado
que me ha hecho creer y pensar que eres mi DIOSA.

Pienso en ti cuando solo estoy
o cuando rodeado de gentes, igual me siento.
Si pienso en ti, pienso que soy,
que soy más libre, más libre que el viento.

Cuando pienso en ti, pienso de veras
en una noche de invierno que llega sin estrellas,
y en las sombras que se unen en las lejanas riberas.
Lloro de extrañar a la belleza más bella.

Puedo estar, te aseguro, en un lugar desierto,
o en un monte espeso donde el sol no llega,
o en las olas del mar, si en sus aguas me vierto,
o en las rápidas nubes que pasan a ciegas.

Pienso y te extraño si me siento sin ti,
bajo las grandes sombras de árboles que envejecen.
En denso vuelo mi pensamiento hacia ti,
llega y espera que tus labios me besen.

CÓMO HACERLO

Tanto tiempo ha pasado desde aquel día, que sé que cada día que pasa me siento más muerto. El tiempo me devora, amor, sin importarle acaso cómo me siento.

¿Cómo odiarte amor, cómo poder odiarte? Si mi corazón no concibe hacerlo. Por aquí pasan las sombras tan distantes de tu ausencia, sin que pueda al menos acariciar tu cuello.

No importa que tú no lo hagas, me basta con querer yo hacerlo. Tú sigue y olvida mi nombre, sigue queriendo, a pesar que yo no sea el candidato a tus besos.

¿Cómo olvidarte amor, cómo olvidarte? Si hasta en mis sueños estás y yo allí te estoy queriendo. ¿Cómo olvidar los besos que en las noches, me hacían sentir el miedo? Era el miedo a perderte amor mío, el miedo a perder mis sueños y esos besos que lograban hacer que estuviera junto a las estrellas despierto.

¿Cómo olvidarte? ¡Ni que tan fácil fuera! Si en mi mente estas ahora viviendo y yo, como ladrón, que intenta robarte los sueños. Pero vivir así es como vivir muriendo. Morir no es una palabra eterna, pero así se vuelve si se vive sin quererlo. ¿Cómo amarte amor, cómo amarte? Dime cómo puedo lograrlo, cómo puedo amarte si sé que ajena seguirás siendo. La soledad me enloquece, me invade la indiferencia como al bosque lo invade el viento. El silencio que hay entre tu cuerpo y el mío, es testigo del arte que hacemos día a día con nuestra agonía suprema. ¿Cómo amarte amor, cómo amarte? ¿Sabrás tú cómo hacerlo? Mi mundo se desmorona más puede, al menos, seguir existiendo, porque existir no es la vida, existir es condición de ausencia de sentimiento.

Sigue tú el camino fácil y ama como lo hace el viento. Ama como si fuera este tu último momento, tu último aliento.

Yo seguiré este camino, difícil y también incierto. Tal vez sean sólo palabras que, como tierra se las lleva el viento, pero es tierra que guarde el secreto de mi amor puro y sincero. Cada grano te dirá todo lo que yo te quiero.

Si mueres un día, verás mi alma velando tu cuerpo, pues aún después de muerta, sabrás cuanto te quiero.

TE AMO MÁS QUE AYER

Cada día yo demando, tu belleza prometida
que hace que me sienta más seguro de ti.
Busca entre tus manos a ver si está mi vida
como cuando aún, no pensabas en mí.

Perdido entre las nubes me siento yo al amarte.
No quiero sentir nada que esté fuera de eso.
Convencido yo me siento, amor al contemplarte,
y darme cuenta al verte, que quiero darte un beso.

Eres todo lo que quiero y también lo que deseo.
Eres todo lo que un día, para mí pude soñar.
Tu amor es un cristal a través del que yo veo
una bella hermosa diosa, a la que más quiero adorar.

La vida nos ha puesto en el mismo camino,
como el sol y las estrellas en el atardecer.
Hoy me aferro más, a mi único destino
cuando pude darme cuenta, que te amo más que ayer.

LA CONSECUENCIA

Contemplo un atardecer lluvioso
en el horizonte lejano,
será mi llanto en sollozos,
o será un pensamiento vano.

Puedo quererte en un día
más de lo que quiero en un año;
puedo soñar todavía,
los viejos sueños de antaño.

Quiero escuchar de tu boca
un tema que sea sencillo;
sentada sobre una roca,
estaba esa estrella sin brillo

Si olvidara ahora tus besos,
no sé qué pudiera sentir.
Por eso te dedico estos versos,
pues sin ti no sabría vivir.

Pero estas cosas que siento
son únicas porque son para ti.
Eres la consecuencia, de que el viento
se lleve mi vida hacia ti.

Poder y sentir

Puedo sentir tus caricias, en esta tranquila noche.
Puedo sentir tu mirada y no sé si es de verdad.

Quiero rozar tus labios, cuando llega algún reproche
a mi mente castigada, sumida en la oscuridad.

Siento que cada día, mi corazón es más tuyo.
siento que puedo abrazarte al menos con mi ilusión.

Siento que tú me envuelves, como envuelves un capullo
y me pierdo como nunca sumergido en tu pasión.

Puedo aunque esté lejos, sentir que te estoy tocando.
Puedo perderme en un sueño y de pronto despertar.

Puedo contarte amor mío, que ahora te estoy amando
como no imaginarías que te pudieran amar.

Puedo sentir estas cosas porque son maravillosas.
Siento que puedo esta noche, las estrellas compartir.

Puedo vivir simplemente, como simples son las cosas
y decirte cada día lo que me haces sentir.

CUANDO

Cuando venga a invadirme la tristeza
que me trae el pasado sombrío,
sólo de algo tengo certeza:
tu recuerdo ya se ha vuelto mío.

Cuando el cielo apague su brillo
y las estrellas reluzcan su luz,
pensarás en el hombre sencillo
que una tarde despreciaste tú.

Cuando la soledad hurte mi sonrisa,
trataré de volverla a encontrar;
pues mi pena será como una brisa,
como una brisa que nace en el mar.

Cuando el tiempo venza mis días,
me acordaré lo que fui junto a ti;
más mi mente quedará vacía
cuando muera tu recuerdo en mí.

QUIÉN PUDIERA DECIRTE

Quién pudiera decirte, lo que estoy sintiendo ahora,
quién pudiera decirte, lo que anhelo de verdad.
No creerías si te dicen, que alguien por ti llora
aunque el cielo te mostrara que es esa la realidad.

Quién pudiera estar a tu lado en esta hora
y poder decirte cosas que no entiende la razón.
Pero tengo que adaptarme, a que pase cada hora,
sin que pueda yo contarte lo que dice el corazón.

Quién pudiera decirte que te amo más que antes,
que ahora quisiera de nuevo, encontrar ese camino,
ese camino que un día, me volvió un hombre galante,
cuando pude descubrir que eras tú mi destino.

Quién puede ser ese, que envidio en este momento,
quien puede ser no lo sé, tal vez me puedas decir,
pero cuenta te darás que él no siente lo que siento
porque mi amor es eterno y jamás se va a morir.

MIS ÚLTIMAS PALABRAS

Hoy estoy recordando aquellos momentos gloriosos,
esos últimos momentos, que disfrute junto a ti;
esos perfectos instantes que fueron maravillosos,
pues fueron momentos bellos que junto a ti yo viví.

Cruel destino que arrebata esta ilusión castigada,
esta ilusión de tenerte y no poderte lograr.
Estoy como aquella rosa, aquella que está marchitada,
pues en vano no han sido, tantas fuerzas para amar.

Cortinas de lluvia nocturna, hoy recorren mis mejillas,
pues fuera de ti me he quedado, al amparo del azar
y afuera yo me he quedado, aguantado a las rejillas
de tu ventana esperando, que tú me dejes entrar.

Hay alguien que hoy te ama, como el cisne ama al lago
donde nada, donde juega, donde ha aprendido a volar.
Con locura inexplicada, más de lo que te he amado
estoy volviendo a sentir, la misma forma de amar.

Te quiero decir ahora, algo que tal vez olvidaste,
fueron mis últimas palabras, alguna vez para ti.
Hay muchas que yo te dije, cuando a mi vida llegaste,
cuando ya te amé sin verte y necesitaba de ti.

Fueron palabras de instantes, que nunca logré completar;
instantes bellos contigo, que el destino quiso robar.
Pero con fuerza y deseo yo pude al fin sujetar
tu recuerdo conservado, para hoy volverte a amar.

AMOR CONFUSO

Qué pudiera yo decirte
que pudieras entender.
Lo que puedo hoy decirte
es que te quiero tener.

Eres bella enormemente,
la más bella de este mundo,
porque mi corazón ahora siente
que no puedo olvidarte un segundo.

Te amo y no debo hacerlo,
porque eres una ilusión.
Tu amor no debo quererlo,
pues sucumbo en tu pasión.

Más aún quizás te tenga
en mis sueños algún día.
Esperaré que tú vengas,
esperaré todavía.

ESTA LÁGRIMA ES POR TI

No me preguntes mañana
cuando me veas pasar,
cuando bajo tu ventana
a mí me veas llorar.

Sabrás tal vez por la gente
qué me sucede contigo;
existen personas decentes,
que saben por qué he sufrido.

Aún si me ruegas por eso,
tampoco te lo diría.
No sabrás que añoro tu beso,
pues de mí te burlarías.

Y si tu beso tardío
no llega nunca hasta mí,
nunca te diría amor mío,
que esta lágrima es por ti.

MI FANTASIA ERES TÚ

Quiero mañana despertar entre las nubes,
donde pueda volar y caminar sobre el viento,
donde pueda verte, si a buscarme tú subes,
para que puedas sentir esto que yo siento.

Esta fantasía pudiera ser realidad,
pudiera ser realidad, si Dios eso quisiera,
porque sólo Él es quien sabe, que tengo necesidad
de que esta realidad, fantasía se volviera.

Sé que soy fantasioso, de eso me he percatado
pues hasta despierto, contigo puedo soñar.
Aunque si tú no estás, es un sueño castigado,
castigado por tu ausencia, si no te puedo mirar.

Sé que es fantasía, soñar para estar a tu lado
ya que en esos sueños bellos, eres como una luz.
Contigo confieso que soy, más que un hombre realizado
porque en la realidad, mi fantasía eres tú.

ÍNDICE

AGRADECIMIENTOS 7

PRÓLOGO 9

AL MIRARTE 11

ETERNAMENTE MADRE 13

SIN MI NADA SERÁS 15

PENSAR EN TI 16

ERES TÚ 17

MI GRAN AMIGA 18

ENAMORADO DE TI 19

A TU ESPEJO 20

CONSEGUIRÉ OLVIDARTE 21

SIMPLEMENTE ROSAS 22

SIEMPRE TENERTE 23

NADA PASARÁ 24

LOCO ENAMORADO 25

SI ME VES LLORAR 26

HE APRENDIDO 27

QUISIERA PODER OLVIDARTE 28

Si algún día   29

Cuando despiertes   30

No he podido olvidarte   31

Esta noche   32

Tus besos   33

No te alejes de mi   34

Si me creyeras   35

Lo último que puedo sentir   36

Me vas a extrañar   37

Si me voy antes que tú   38

Pasan esas cosas   39

El brillo de esta lágrima   40

Te amaré sin condición   41

No se si viviré mañana   42

Amando en sueños   43

Porque eres   44

Moriré amor, moriré   45

Un dia lloraras por mi   46

Si no vuelvo   47

Mi llanto escondido   48

La paloma   49

Juego de amor   51

Mi gran error   52

Quiero aprender   53

Por un beso   54

Llámame amiga   55

Prefiero que te vayas   56

Te quiero   57

Quédate conmigo   58

Eres diferente   59

Quisiera detener el tiempo   60

Culpable   61

Si me pides   62

Te echo de menos   63

Como hacerlo   65

Te amo más que ayer   68

La consecuencia   69

Poder y sentir   71

Cuando   72

Quien pudiera decirte   73

Mis últimas palabras   74

Amor confuso   76

Esta lágrima es por ti   77

Mi fantasia eres tú   78